DE LA

RÉFORME ÉLECTORALE.

MÉMOIRE RÉDACTIONNAL.

Imprimerie de Madame DELACOMBE, rue d'Enghien, 12.

DE LA

RÉFORME

ÉLECTORALE,

PAR VERSON,

EX-PRÊTRE CATHOLIQUE.

PARIS.

ROUANET, LIBRAIRE.

RUE VERDELET, 4.

AOUT 1839.

De la Réforme Électorale.

Toute la question de la réforme électorale se réduit à rechercher purement et simplement ; 1° si de ce qu'un citoyen est *pauvre* ou ne paie pas le *cens*, il est par cela même immoral, incapable, désirant le désordre, et partant, indigne de se faire représenter ; 2° si de ce qu'un citoyen est *riche* ou paie le *cens*, il est par cela même moral, capable, ennemi du désordre, et partant, seul digne de se faire représenter.

Ceux qui sont hostiles à la réforme électorale sont tenus d'affirmer qu'en effet de ce qu'un citoyen est *pauvre*, il ne présente aucune *garantie d'ordre*, de *capacité*, de *moralité* ; et ils doivent soutenir le contraire touchant le *riche*.

Voici comment ils prétendent le prouver :

1° « Ceux-là seulement, disent-ils, aiment et garan-
» tissent *l'ordre* qui ont tout à perdre dans le désor-
» dre, et ceux-là sont ennemis de l'ordre qui ont
» tout à gagner dans le désordre ;

» Donc, la classe riche est la seule qui aime et
» garantisse l'ordre. »

2° « Cette classe doit être considérée comme
» seule *capable*, qui seule a le temps et les moyens
» de s'instruire ;

» Or, la classe riche est seule dans cette hypo-
» thèse ;

» Donc, elle doit être considérée comme seule
» capable ;

» Donc la classe riche seule représente et garan-
» tit la capacité. »

3° « Cette classe est la plus *morale* qui produit
» le moins de voleurs, d'assassins, d'ivrognes, de
» femmes de mauvaise vie, de mouchards, en un
» mot, de ce qu'il y a de plus pervers et de plus
» dégoûtant dans la société ;

» Or, la classe riche est celle qui en produit le
» moins ;

» Donc la classe riche est la plus morale ;

» Donc elle seule garantit la moralité ;

» Si donc il est une réforme à opérer, c'est de
» restreindre le cens électoral, loin de l'étendre, de
» manière que les premières fortunes deviennent
» exclusivement censitaires ; car plus les électeurs
» seront riches, plus ils seront dignes ; *et vice
» versâ*, moins ils seront riches, moins ils seront
» dignes. »

Tels sont, en substance, les raisonnemens que
nous avons à combattre ; commençons par le premier :

1° « Ceux-là seulement aiment et garantissent
» *l'ordre* qui ont tout à perdre dans le désordre, et
» ceux-là sont ennemis de l'ordre qui ont tout à
» gagner dans le désordre ;

» Donc la classe riche est la seule qui aime et
» garantisse l'ordre. »

Comme c'est moins par des *paroles* que par des
faits que nous voulons répondre, nous commence-
rons par demander qui, en 1830, excita le peuple à
l'insurrection ? Qui lui distribua des armes et l'or-
ganisa pour la victoire ? N'est-ce pas la bourgeoisie ?
C'est bien le peuple qui a présenté sa noble poitrine

aux baïonnettes du despotisme, c'est bien le sang
du peuple qui a coulé, c'est bien lui qui a vaincu :
mais ce n'est pas lui qui a fait la révolution, c'est
la classe riche, c'est elle qui l'a fomentée, c'est
elle, elle seule qui en a profité.

Donc la classe riche ne représente pas toujours
l'ordre puisqu'elle fait des révolutions, car c'est
bien là ce que vous entendez par désordre, les révolutions. Il est vrai que celle de 1830, vous ne la
considérez pas comme un désordre ; mais sans doute
parce qu'elle vous a été exclusivement profitable,
sans quoi vous l'appelleriez un désordre, de sorte
qu'à vos yeux, l'ordre, c'est ce qui est conforme à
vos intérêts ; le désordre, c'est le contraire.

Mais si cette manière d'envisager les choses est
très commode pour vous, elle est par trop absurde
et par trop injuste à nos yeux ; et c'est pourquoi
vous nous permettrez d'opposer à votre argumen-
tation celle-ci :

Cette classe n'est qu'un composé d'égoïstes qui
veut tout pour elle et rien pour les autres.

Donc, la classe riche n'est qu'un composé d'é-
goïstes, et encore :

Cette classe n'est qu'une ingrate qui se conduit

envers sa bienfaitrice comme le loup envers la cigogne de la fable.

Or, c'est ainsi, et pis encore, que s'est conduite, en 1830, la classe riche envers la classe pauvre.

Donc la classe riche n'est qu'une ingrate.

Puisque, dans le désordre des révolutions, la classe riche a tout à perdre, pourriez-vous nous dire, Messieurs de la bourgeoisie, ce que vous avez perdu en 1830? Et puisque la classe pauvre a tout à gagner, pourriez-vous nous dire quels ont été ses bénéfices?

Dites encore, tandis que le sang du peuple coulait à flots dans les combats gigantesques que la république eut à soutenir contre l'Europe coalisée, qui profita des dépouilles de la noblesse et du clergé? n'est-ce pas vos pères?..... pour lui, le peuple géant, il mourut sur le champ de bataille,..... et ses fils d'aujourd'hui qui en 1830 se montrèrent si dignes de leurs pères, après avoir combattu et remporté la victoire, nouveaux Cincinnatus, ils revinrent à la charrue. Et pour toute récompense, vous leur refusez le simple droit de voter, vous les croyez indignes de nommer des représentans à la nation?

Mais quoi ! le peuple n'est donc propre qu'à arroser la terre de sa sueur et de son sang ? Dieu ne l'a donc créé, Messieurs de la classe riche, que pour vous nourrir et vous défendre, pour être votre bœuf et votre chien !....

Ah ! plût à Dieu ! que les révolutions violentes profitassent à la classe pauvre ! Plût à Dieu ! que ce fût un moyen certain d'améliorer son malheureux sort !... Vraiment, s'il en était ainsi, je le dis hautement, je prêcherais l'insurrection, j'appellerais le peuple aux armes, au lieu de le porter à la patience, au travail, à l'association; alors je me proclamerais révolutionnaire et je m'en ferais gloire !... Et si je suis un homme de paix, c'est que je ne connais pas d'autre moyen de travailler dans l'intérêt de ceux qui souffrent; c'est que je ne considère *l'ordre*, c'est-à-dire le règne de la *justice*, du *travail* et de la *liberté*, que comme la condition indispensable de l'amélioration du sort du peuple.

Et lui aussi, le peuple, pense de la sorte, et c'est pourquoi il est calme et souffre patiemment.

Aussi n'est-ce pas le peuple qui fomente les révolutions; il est trop occupé à gagner le pain de chaque jour. Il faut être oisif pour tramer des complots, et le peuple ne l'est pas; il faut savoir se cacher dans l'ombre des clubs, et le peuple ne sait agir qu'en plein jour, la poitrine toujours découverte.... Ce n'est donc pas le peuple qui est révolutionnaire : il est l'instrument des révolutions et voilà ; il est le flot courroucé que soulève la tempête, il est le terrible bélier qui sape les trônes des tyrans, il est la hache qui parfois abat leur tête criminelle..... Mais ce n'est pas de lui-même qu'il se soulève et qu'il frappe : voyez plutôt au milieu des flots populaires, ces jeunes têtes à la blanche figure, à la mise élégante et aux mains délicates, mais au regard de feu, au geste énergique, à la parole puissante, au courage héroïque...... Voilà les vrais révolutionnaires, voilà ceux qui soufflent le vent de la tempête, qui dirigent les coups terribles du bélier et de la hache du peuple.... Les reconnaissez-vous? Ce sont les généreux enfans des riches, ce sont vos propres fils, Messieurs les bourgeois..... Et n'en soyez pas surpris : ils marchent sur vos traces!... Car, ne vous en déplaise, c'est vous, qui, depuis Louis XI, avez fait ou du moins avez puissamment contribué à faire toutes les révolutions en France, y compris celle de 93, et, loin de vous en blâmer, nous vous en glorifions! Oui, Messieurs

de la bourgeoisie, vous fûtes de grands et puissans
révolutionnaires! Et le peuple fut en vos mains une
sanglante férule, dont vous frappâtes parfois rude-
ment au visage les rois, les nobles et les prêtres!....

Ne dites donc pas que la classe pauvre est révolutionnaire, car cela est faux; mais ce qui est vrai,
ce que vous ne pouvez nier, c'est que l'armée, la
gendarmerie, la garde nationale, les gardes cham-
pêtres et forestiers, les geôliers, et par-dessus
tout cela le bourreau, la clé de voûte de l'ordre actuel, appartiennent presque exclusivement à la
classe pauvre, de sorte que le pauvre peuple est aux
ennemis de l'ordre et aux malfaiteurs ce que sont
aux loups les chiens de parc. La seule différence
qu'il y a entre ces deux espèces de gardiens fidèles,
c'est que les chiens de parc ont plus de repos et sont
mieux nourris que le pauvre peuple!..

2° « Cette classe, dites-vous encore, doit être
» considérée comme seule *capable* qui a seule le
» temps et les moyens de s'instruire. Or, la classe
» riche est seule dans cette hypothèse.

» Donc elle doit être considérée comme seule
» capable.

« Donc la classe riche seule représente et garan-
» tit la capacité. »

J'avoue que la classe riche a plus de moyens de
s'instruire que la classe pauvre, je conviendrai même,
si vous le voulez, qu'elle est plus instruite en effet;
mais cela ne prouve pas qu'elle soit plus *capable* de
faire de *bons choix*, de nommer de *dignes représentans*
de la nation.

Et ici faut-il dire ce que nous entendons par *digne
représentant?*

Un digne représentant est celui qui représente vé-
ritablement les besoins, les désirs et la volonté ou
les droits de ses mandataires : il doit être l'écho, le
reflet vivant du pays qui l'envoie; *son moi*, son intérêt
particulier doit s'effacer devant *le moi* ou l'intérêt
général. Lorsqu'il entre à la Chambre il doit laisser
à la porte ses propres affaires et ne songer qu'à
celles de son pays; il doit oublier momentanément
sa famille et ses amis, et concentrer toutes ses affec-
tions dans les masses; lorsqu'il monte à la tribune,
il ne doit jamais parler *de lui* ni en son propre nom,
mais de ses mandataires et en leur nom; car en
vérité le pays ne nomme des députés que pour son
intérêt et non pour l'intérêt de ceux qu'il députe.

Aussi bien importe-t-il moins à la nation d'avoir

pour représentans des capacités *bien parlantes* que des capacités *bien pensantes* et surtout *bien agissantes;* et c'est pourquoi ce ne serait pas un mal que les députés discourussent moins longuement, voire même moins savamment, et s'occupassent plus *activement* des besoins du pays.

Or, le peuple qui n'aime ni les discours trop longs, parce qu'il n'a pas le temps de les entendre, ni ceux qui sont trop savans, parce qu'il ne les comprend pas, mais qui aime la brièveté et la clarté, s'il était appelé à nommer ses représentans, choisirait peut-être des hommes qui parfois auraient moins de brillant, moins de poli, moins de savoir que ceux de la classe riche; mais sans nul doute ils auraient une valeur plus réelle, une volonté plus ferme, un amour du bien public plus sincère et plus efficace; voyez la représentation nationale sous la république française.

D'ailleurs, Dieu a pourvu les masses d'un instinct remarquable qui leur fait apprécier souvent avec beaucoup de justesse la véritable grandeur et surtout le véritable mérite. Et c'est pourquoi les premières célébrités artistiques, scientifiques et industrielles seraient-elles appelées à la députation par acclamation populaire et beaucoup plus facilement et en bien plus grand nombre qu'aujourd'hui. Puis, le peuple choisirait les administrateurs les plus aimés, les magistrats les plus intègres, les médecins les plus renommés, les commerçans les plus capables, les propriétaires les plus bienfaisans, les défenseurs de la patrie les plus vaillans...., peut-être enverrait-il à la Chambre quelques *paysans du Danube* comme il le fit sous la république; et ce ne serait pas un mal qu'à côté de certains députés fashionables et musqués apparussent quelques-unes de ces figures noircies aux feux du soleil et sentant la terre, à la parole rude comme leur climat, mais à la volonté inébranlable comme les bases de leurs montagnes. De tels députés ne feraient pas des discours aux périodes bien arrondies, comme en font certains députés académiciens qui visent beaucoup plus à la gloire de *bien dire* qu'à celle de *bien faire* et polissent un discours comme Boileau veut qu'on polisse une pièce de vers, mais ils diraient simplement ce qu'ils croiraient utile au pays, ne parlant jamais pour parler, mais pour défendre énergiquement les intérêts du peuple; ils feraient parfois quelques fautes de français, mais jamais de patriotisme; ils pourraient exciter le rire et la pitié des rhéteurs, mais les gens de bien et de cœur les approuvéraient, et le pouvoir les redouterait d'autant plus qu'ils seraient *incorruptibles.....*

Le suffrage universel enverrait de tels représentans à la Chambre, et ce ne serait pas une preuve d'incapacité de la part du peuple qui ferait de tels choix.

3° « Cette classe, dites-vous enfin, est la plus » *morale* qui produit le moins de voleurs, d'assas- » sins, d'ivrognes, de femmes de mauvaise vie, de » mouchards, en un mot de ce qu'il y a de plus » pervers et de plus dégoûtant dans la société. »

» Or, la classe riche est celle qui en produit le » moins;

» Donc la classe riche est la plus morale;

» Donc elle seule garantit la moralité. »

Je conviens que la majeure partie des habitans des prisons et des bagnes, ainsi que la plupart des têtes qui tombent sur l'échafaud appartiennent à la classe pauvre; mais, en vérité, tous les voleurs ne sont pas dans les prisons et dans les bagnes, il n'y a là que les *grossiers voleurs*, les voleurs inhabiles; plusieurs y ont été entraînés par le manque de travail, par la vue de l'abîme que la misère creusa autour d'eux, de leurs femmes, de leurs enfans et de leurs vieillards, et au fond duquel ils apercevaient la mort la plus horrible, la mort de la faim..... A cette vue la tête leur tourna, la fièvre de la peur les saisit et ils succombèrent..... Ils se firent voleurs par contrainte, j'allais dire par nécessité.....

Quant aux *fins voleurs*, les voleurs habiles et puissans, les voleurs bien nés et bien élevés, qui volent honnêtement et délicatement, qui vous ruinent tout en vous rendant service, qui s'enrichissent pieusement et philantropiquement.... Tous ces voleurs de distinction ne sauraient habiter avec les pillards et les gens sans aveu des prisons et des bagnes; aussi bien leurs vols n'étant pas prévus par la loi ne sauraient être considérés et punis comme tels, et comme ils habitent des palais et ont carrosses et force laquais, la société les honore *quand même*.

Sans doute la plupart des criminels qui peuplent les bagnes appartient à la classe pauvre, mais cela tient uniquement à ce que la classe pauvre est beaucoup plus nombreuse que la classe riche, de sorte que, proportion gardée, il y a au moins autant de riches malfaiteurs que de pauvres.

s même qu'il n'en serait pas ainsi, cela ne pas que la classe pauvre fût plus immo-

I

rale que la classe riche, car si nous faisons la part
des positions diverses des deux classes, si d'un côté
nous considérons l'abondance de toutes choses, la
satisfaction facile des appétits physiques et intellec-
tuels, l'instruction, les bonneurs, la puissance, voire
même la gloire qui sont presqu'exclusivement aujour-
d'hui l'apanage de la fortune, nous comprendrons
difficilement les causes d'immoralité de la classe
riche et ne pourrons lui pardonner des dérèglemens
et des crimes que sa position ne peut justifier; si d'autre part, nous considérons les privations nombreuses,
et l'ignorance de la classe pauvre, les injustices et
les vexations qu'elle endure, le joug abrutissant que
lui fait subir un pouvoir incessamment oppresseur,
causes si puissantes d'irritation et de démoralisa-
tion..... Si nous considérons tout cela, nous ne de-
vrons être étonnés que d'une chose, c'est que la
classe pauvre soit si paisible, si patiente, si résignée
à la douleur, si morale !..... Vraiment je voudrais
bien voir ces Messieurs de la classe riche qui se tar-
guent tant de leur prétendue supériorité morale, je
voudrais bien les voir dans la position de la classe
pauvre, travaillant sans relâche depuis la plus ten-
dre enfance jusqu'à l'extrême vieillesse, produisant
la richesse et l'abondance pour les autres et vivant

toujours dans la pauvreté, faisant tout pour la société et ne recevant en échange que le mépris lorsqu'elle est soumise, la prison lorsqu'elle proteste,
l'extermination lorsqu'elle menace.... Messieurs les
riches, répondez franchement : si vous étiez à la
place du peuple, auriez-vous autant que vous l'a-
vez l'amour de *l'ordre actuel*, le bénéfice de cet ordre n'étant pas pour vous ? Aimeriez-vous autant
que vous l'aimez un pouvoir issu de vous, ne repo-
sant que sur vous, mais ne travaillant nullement à
l'amélioration de votre position malheureuse ? Si
sur une population de trente-cinq millions d'indivi-
dus, votre classe seule en comptait près de trente
millions, sachant d'ailleurs que l'armée ne se com-
pose guère que de vos fils, souffririez-vous comme
le peuple, que le petit nombre, parce qu'il serait
riche, vous fit la loi à vous qui seriez le grand nombre, par la seule raison que vous seriez pauvres?
Répondez franchement, Messieurs de la classe riche,
le souffririez-vous?..... non ! Cependant le peuple le souffre depuis des milliers d'années ! Le
peuple est donc plus moral que vous... Sans doute
on ne vous rencontre pas chancelans pleins de
vin dans les rues, on ne vous voit pas, à l'instar des
crocheteurs, vous boxer sur les places publi-

ques ; mais vos orgies, pour n'être pas publiques comme celles du peuple, n'en sont pas moins dégoûtantes.

Faut-il les raconter ? faut-il faire tomber la cloison derrière laquelle vous vous cachez aux yeux du public et vous montrer tels que vous êtes dans les boudoirs de vos maîtresses..... non, je ne le ferai pas, ce serait découvrir de trop sales égouts.... Cessez donc de vous dire plus moraux que le peuple, et partant plus dignes que lui de nommer des représentans au pays, car vous me forceriez à démontrer que si l'une des deux classes devait être exclue du droit de voter, ce serait la classe riche : 1° parce qu'elle est en minorité ; 2° parce qu'elle éprouve moins de souffrances ; 3° parce qu'elle est moins utile à la société ; 4° parce qu'elle est plus égoïste et plus immorale que la classe pauvre. Mais nous ne voulons l'exclusion d'aucune classe, ni d'aucun citoyen, car si *de fait* il y a plusieurs classes dans la société actuelle, *de droit* il n'y en a qu'une seule qui est celle du peuple, et à laquelle appartiennent tous les citoyens, sans aucune distinction de naissance ou de fortune. Nous sommes tous membres d'une même et grande famille ayant nom *nation française;* et priver un seul citoyen du droit de concourir par son vote aux affaires du pays, c'est le considérer comme un indigne membre de la nation.

Or, c'est ainsi que la loi électorale actuelle considère tous les citoyens qui ne paient pas le cens.

Donc cette loi est non seulement injuste, mais injurieuse pour la majorité des Français.

C'est pourquoi elle est une infamie, et c'est comme telle que nous la flétrissons.

FIN.

DIALOGUES POPULAIRES

SUR LA POLITIQUE, LA RELIGION ET LA MORALE,

Par TERSON,

EX-PRÊTRE CATHOLIQUE.

❦❦

Prospectus.

❦❦

LES DIALOGUES POPULAIRES seront écrits dans un sens *purement démocratique*, en conservant au mot démocratie toute sa signification grammaticale (*souveraineté populaire*) et en lui rendant la valeur politique qu'il eut en 93.

Ce n'est pas à dire que l'auteur des *Dialogues populaires* veuille travailler à ramener 93 ; non, non, il sait très bien que dans sa marche incessamment progressive l'humanité ne se répète pas ; d'ailleurs, les circonstances ne sont pas les mêmes. Les motifs et les raisons d'une rénovation complète de la société actuelle, tout aussi puissans et tout aussi impérieux qu'avant la révolution française, ont un

tout autre caractère. Ce ne sont plus les mêmes insti-
tutions que nous avons à renverser ou à transfor-
mer, ni les mêmes hommes que nous avons à combattre. Ce n'est plus contre le clergé et contre l'an-
cienne *aristocratie de naissance* que la *révolution
nouvelle* dirigera ses coups ; mais contre la *nouvelle
aristocratie d'argent*. Ce n'est plus contre les *accapareurs de blé* qu'il faut crier aujourd'hui, mais
contre les *accapareurs de capitaux et de places*. Il ne
suffit plus aujourd'hui que le peuple ne meure pas
de faim, il faut encore que le travailleur par sa *capacité*, par son *travail* et par sa *moralité* puisse vivre
honorablement, car c'est le règne de la CAPACITÉ,
du TRAVAIL et de la MORALITÉ que nous avons à con-
quérir. Il ne suffit plus que tous les hommes soient
reconnus *égaux* devant Dieu et devant la loi ; mais
il faut que tous les enfans sans aucune distinction
de naissance ou de fortune, aient un *égal droit* aux
bienfaits de la société, c'est-à-dire, qu'ils aient les
mêmes moyens de parvenir aux emplois, à la fortune et aux honneurs.

En un mot, LIBERTÉ, BIEN-ÊTRE et ÉGA-
LITÉ DE DROITS POUR TOUS, telle est la devise de l'ouvrage.

Que ceux qui aiment cette devise veuillent bien aider l'auteur à la faire accepter par le grand nombre.

Le prix modéré des *Dialogues populaires* fera comprendre à chacun qu'il ne s'agit nullement ici d'une spéculation mercantile; aussi bien l'auteur, qui, depuis dix ans, ne s'occupe que d'une chose : *l'amélioration du sort de la classe la plus pauvre et la plus nombreuse,* et qui, dans ce but, n'a pas hésité à faire l'abandon de sa position sociale et de ses intérêts matériels, l'auteur, disons-nous, a dû compter sur le concours des vrais amis du peuple.

D'après les nombreux encouragemens qu'il reçoit chaque jour, il ne craint pas d'être déçu dans ses espérances.

— Une *lettre d'hommage* à M. de Lamennais, et un premier *Dialogue entre le bon et le mauvais Génie,* tiendront lieu de préface.

Les DIALOGUES POPULAIRES paraîtront une fois tous les huit ou dix jours, par livraisons de 24 pages, soit une feuille 1/2 d'impression grand in-8°, même papier, même caractère et même format que la présente brochure, et renfermera 90 livraisons à peu près, soit 5 volumes de 450 pages chacun.

Chaque livraison sera revêtue d'une couverture imprimée et sera payée,

A PARIS ET DANS LES DÉPARTEMENS,

25 C. LA LIVRAISON

Prise au Bureau des *Dialogues populaires*,

RUE VIVIENNE, 36,

Ou chez M. ROUANET, libraire, rue Verdelet, 4.

10 c. en sus par la poste.

L'ouvrage reviendra à 22 fr. pour les souscripteurs, soit 4 fr. 40 c. le volume, et à 35 fr. pour les non souscripteurs, soit 7 fr. le volume.

ON SOUSCRIT A PARIS :

Chez l'Auteur, rue Vivienne, 36;

Chez M. ROUANET, libraire, rue Verdelet, 4;

Et chez les principaux Libraires.

DANS LES DÉPARTEMENS :

Chez tous les principaux libraires et aux bureaux des Diligences et Messageries Générales.

NOTA. On ne recevra au domicile de l'auteur que les lettres, argent et paquets qui seront affranchis.

La 1re livraison paraîtra d'ici au 25 août au plus tard.

www.ingramcontent.com/pod-product-compliance
Lightning Source LLC
Chambersburg PA
CBHW070742280326
41934CB00011B/2773